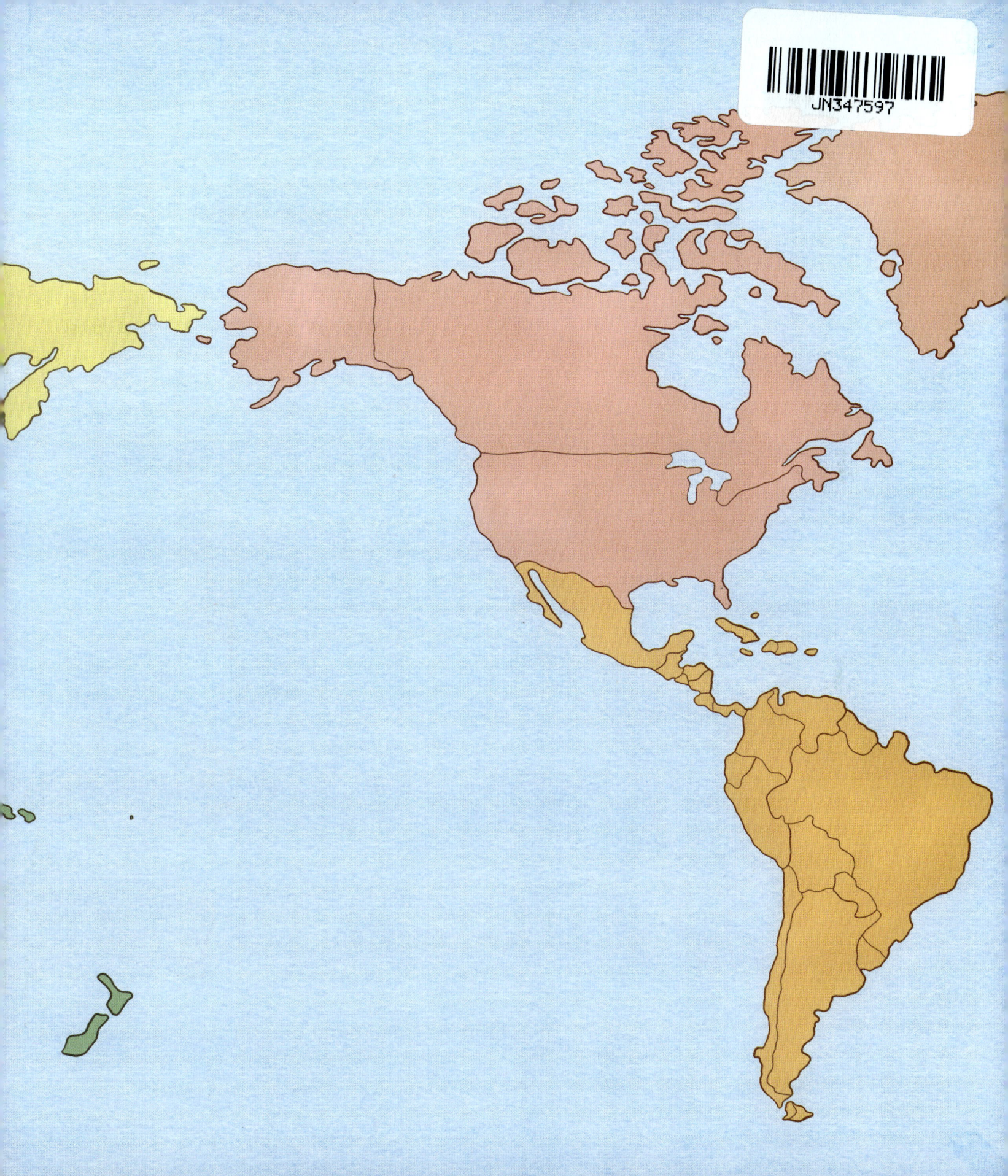

글 | 정재은
대학에서 역사를 공부하고, 어린이 역사책을 시작으로 어린이 책 작가가 되었습니다.
쓴 책으로는 〈우리 역사를 그린 9가지 지도 이야기〉, 〈철학의 원리를 사고파는 철학 상점〉,
〈수학 유령의 미스터리 탐정 수학〉 등이 있습니다.

그림 | 민은정
이화여자대학교 동양화과를 졸업하고, 2004년 한국일러스트레이션학교를 마쳤습니다.
그린 책으로는 〈바퀴에서 우주선까지, 연기에서 인터넷까지〉, 〈역사를 담은 도자기〉,
〈우리 집 구석구석 숨은 과학을 찾아라〉 등이 있습니다.

누리 세계문화 13 프랑스 소원을 들어주는 빵

글 정재은 | 그림 민은정 | 펴낸이 김의진 | 기획편집총괄 박서영 | 편집 정재은 이영민 김한상 | 글 다듬기 박미향 | 디자인 수박나무
제작·영업 도서출판 누리 | 펴낸곳 Yisubook | 주소 경기도 고양시 일산동구 일산로67, 3층 | 고객상담실 080-890-7000
잘못된 책은 바꾸어 드립니다. 이 책에 실린 글이나 그림을 무단으로 복사, 복제, 배포하는 것을 금합니다.
△1. 사람을 향해 던지거나 떨어뜨리지 마십시오. 2. 고온 다습한 장소나 직사광선이 닿는 장소에는 보관하지 마십시오.

소원을 들어주는 빵

글 정재은   그림 민은정

이렌 아줌마는 20년 동안
파리의 유명한 빵집에서 일했어요.
어느 날 이렌 아줌마는 새로운 결심을 했어요.
"이제부턴 마음을 배부르게 하는 빵을 구울 테야."
이렌 아줌마는 따스한 남쪽 도시 아비뇽으로 이사했어요.
"이곳의 고운 햇살로 특별한 빵을 구워야지!"
아줌마는 밀가루에 햇살을 폴폴 섞어서
프랑스 사람들이 가장 좋아하는 바게트를 구웠어요.

"맛있는 바게트 드실 분!"
바게트를 들고 나간 아줌마는 울고 있는 코제트를 만났어요.
"꼬마 아가씨, 왜 울고 있니?"
"오늘은 내 생일인데, 엄마가 새 옷을 안 사 준대요.
예쁜 드레스를 입고 궁전 파티에 가고 싶어요!"
아줌마는 코제트의 작은 소원을 들어주고 싶었어요.
"코제트, 소원을 말하고 이 바게트를 먹으렴."
코제트는 바게트를 덥석 베어 물었어요.

어느새 코제트는 화려하고 아름다운 베르사유 궁전에 와 있어요.
"어서 와요! 드레스가 무척 아름답네요."
왕비가 코제트를 반갑게 맞이했어요.
세상에! 그분은 프랑스의 마지막 왕비 마리 앙투아네트였어요.
"와! 신 난다. 드레스에, 궁전에, 파티까지!"
코제트는 신비로운 *거울 방과
장미꽃이 가득 핀 정원을 마음껏 뛰어다니며 춤을 추었어요.

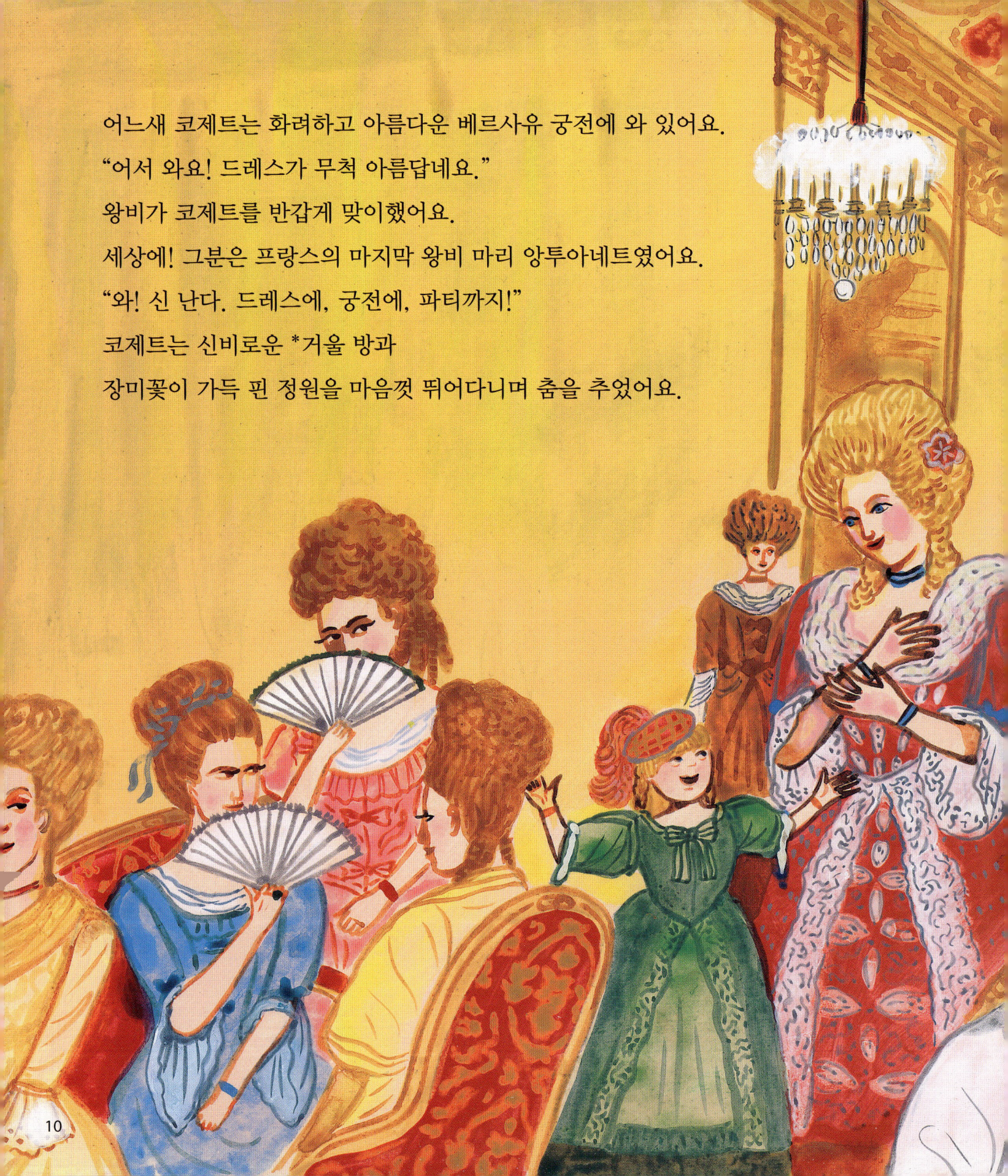

다음 날, 이렌 아줌마는 크루아상을 구워 공원으로 갔어요.
공원에서는 이자벨이 땀을 뻘뻘 흘리며 운동을 하고 있었죠.
"크루아상 좀 먹고 할래요? 이건 소원을 들어주는 빵이에요."
"이 빵을 먹으면 날씬해질까요?"
아줌마는 고개를 절레절레 저었어요.
"그건 안 될 거예요. 어쨌든 빵이니까요."
"난 파리에서 꽤 유명한 모델이었는데, 지금은 뚱뚱해져서….
패션쇼에 다시 서면 얼마나 좋을까?"
이자벨은 털썩 주저앉더니 빵을 베어 물었어요.

"이럴 수가! 내가 패션쇼에 왔어!"
그곳은 *샹젤리제 거리에서 열리는 패션쇼의 무대 뒤였어요.
"난 할 수 없어. 이렇게 뚱뚱한데."
이자벨이 도망치려는 순간 연출자가 불렀어요.

"이자벨, 당신 차례예요. 평소처럼 잘해요."
이자벨은 뚱뚱한 몸매 때문에 웃음거리가 될까 두려웠어요.
'하지만 이대로 달아나면 패션쇼는 엉망이 되겠지?
난 모델이야. 패션쇼를 망칠 순 없어.'
이자벨은 또박또박 무대로 걸어 나갔어요.
와아! 와아! 사람들이 환호를 보냈어요.
"조금 뚱뚱하면 어때? 난 멋진 모델이야."

"지금쯤 이자벨은 소원을 이루고 있겠지?"
이렌 아줌마는 벤치에 앉아 흐뭇한 미소를 지었어요.
그때 벤치 아래에서 놀던 생쥐 두 마리가
살금살금 빵 바구니 속으로 들어갔어요.
생쥐들은 이자벨이 남긴 크루아상 조각을 싹 먹어 치웠어요.
"치즈랑 먹으면 더 맛있겠다. 찍찍."
생쥐들이 찍찍거리는 순간 바구니에 치즈가 가득 찼어요.
카망베르 치즈, 브리 치즈, 리바로 치즈, 콩테 치즈….
이렌 아줌마는 뜻하지 않게 치즈를 잔뜩 얻었어요.

"오늘은 무슨 빵을 구울까?"
다음 날도 이렌 아줌마는 찬장을 활짝 열었어요.
그런데 밀가루가 똑 떨어졌지 뭐예요.
게다가 지갑도 텅 비어 있었어요.
그동안 소원을 들어주는 빵을 공짜로 나눠 주느라
돈을 다 써 버린 거예요.
아줌마는 냉장고에서 달걀을 꺼냈어요.
"마카롱을 팔아서 밀가루를 사야지."
아줌마는 달걀 흰자에 설탕과 햇살 가루를 듬뿍 넣어
달콤달콤한 마카롱을 만들었어요.

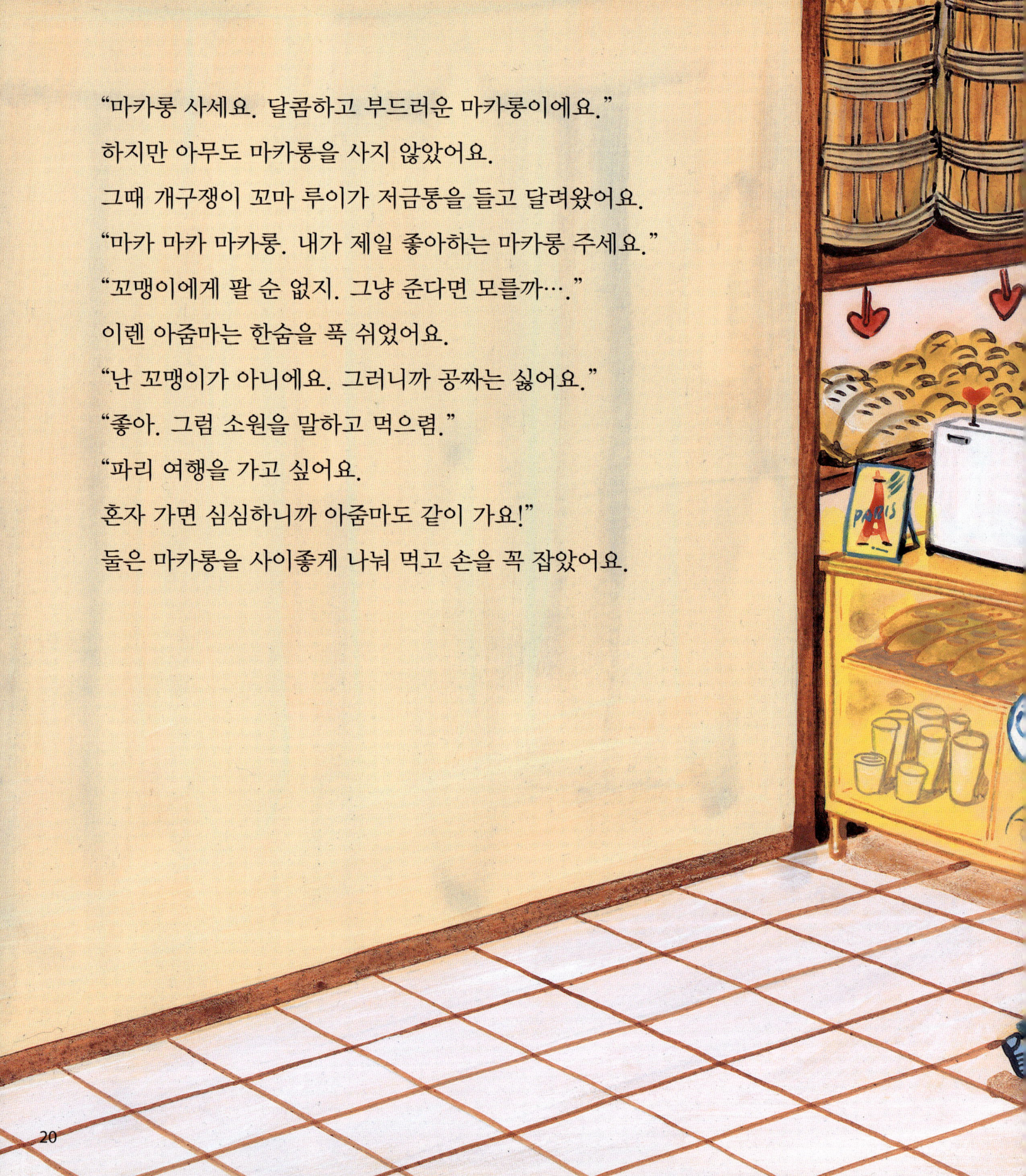

"마카롱 사세요. 달콤하고 부드러운 마카롱이에요."
하지만 아무도 마카롱을 사지 않았어요.
그때 개구쟁이 꼬마 루이가 저금통을 들고 달려왔어요.
"마카 마카 마카롱. 내가 제일 좋아하는 마카롱 주세요."
"꼬맹이에게 팔 순 없지. 그냥 준다면 모를까…."
이렌 아줌마는 한숨을 푹 쉬었어요.
"난 꼬맹이가 아니에요. 그러니까 공짜는 싫어요."
"좋아. 그럼 소원을 말하고 먹으렴."
"파리 여행을 가고 싶어요.
혼자 가면 심심하니까 아줌마도 같이 가요!"
둘은 마카롱을 사이좋게 나눠 먹고 손을 꼭 잡았어요.

"와! 파리다. 제가 정말 파리에 왔어요."
루이는 에펠 탑을 보고 깜짝 놀랐어요.
"엄청 높다. 올라가 볼 수 있나요?"
엘리베이터를 타고 에펠 탑 꼭대기에 오르자
파리 시내가 한눈에 펼쳐졌어요.

오래되고 멋진 건물들 사이로 푸른 나무들이 아름답게 서 있었지요.
"루이, 또 어딜 가고 싶니?"
이렌 아줌마가 물었어요.
"루브르 박물관요. '루브르' 하고 외치면 되나요?"
"아니, 지하철을 타고 가야지."

이렌 아줌마와 루이는 루브르 박물관에 도착했어요.
"이곳은 예전에 궁전이었지. 정말 멋지지?"
"지금은 유명한 그림이랑 신비한 유물들이 가득하네요!"
두 사람은 유명한 모나리자 그림도 보고, 관광객들도 구경했어요.
"돌아갈 땐 어떻게 하죠? 기차를 타나요?"
"햇살로 반죽한 마카롱이 들어준 소원이니
해가 지면 저절로 집에 돌아가게 될 거야."

이렌 아줌마는 루이를 *몽마르트르 언덕으로 데려갔어요.
"초상화 그리고 가세요. 잘 그려 드릴게요."
몽마르트르 언덕으로 올라가는 길에는 예술가가 많았어요.
루이와 이렌 아줌마도 초상화를 그렸어요.
언덕 꼭대기에 도착할 무렵 해가 구름을 발갛게 물들였어요.
"이곳에서 해 지는 모습은 무척 아름다워요."
루이는 아줌마의 어깨에 머리를 기댔어요.

다음 날 아침, 루이는 방에서 눈을 떴어요.
"꿈이었나? 내가 정말 파리에 다녀온 걸까?"
책상 위에 몽마르트르 언덕에서 그린 초상화가 놓여 있었지요.
"꿈이 아니었어. 마카롱이 소원을 들어준 거야."
창밖으로 이렌 아줌마가 밀가루를 들고 지나갔어요.
아줌마는 루이에게 손을 흔들었어요.

여기는 프랑스!

정식 명칭	프랑스 공화국
위치	서부 유럽
면적	약 64만 3천km²
수도	파리
인구	약 6,625만 명
언어	프랑스 어
나라꽃	아이리스

라스코 동굴 벽화
프랑스 도르도뉴 지방에 있는 동굴의 벽화로, 1940년에 발견된 구석기 시대의 유적이야. 빨강, 검정, 노랑 등으로 동물이 그려져 있어. 사냥이 잘되게 해 달라고 비는 의미에서 그린 것이라고 해.

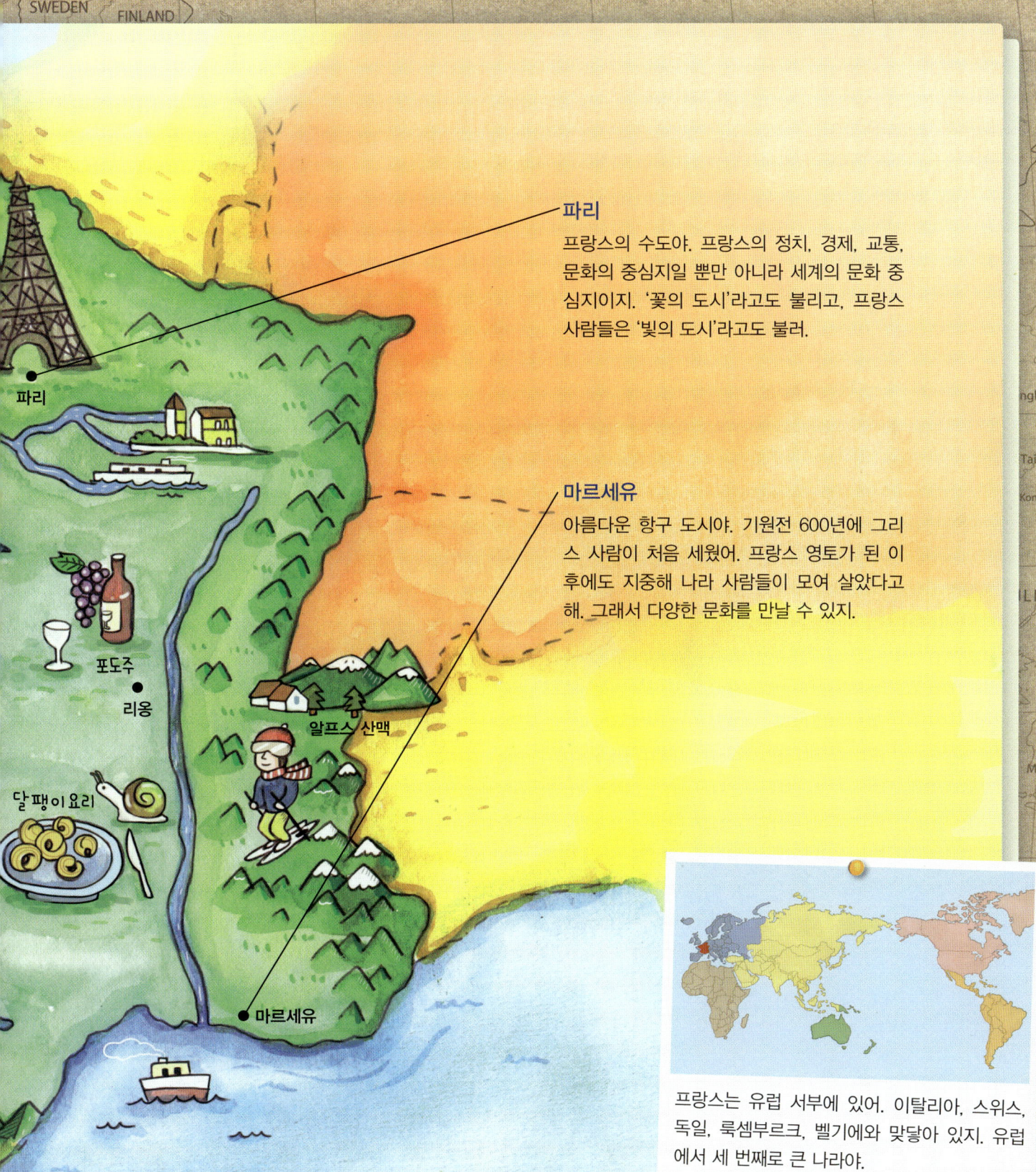

파리
프랑스의 수도야. 프랑스의 정치, 경제, 교통, 문화의 중심지일 뿐만 아니라 세계의 문화 중심지이지. '꽃의 도시'라고도 불리고, 프랑스 사람들은 '빛의 도시'라고도 불러.

마르세유
아름다운 항구 도시야. 기원전 600년에 그리스 사람이 처음 세웠어. 프랑스 영토가 된 이후에도 지중해 나라 사람들이 모여 살았다고 해. 그래서 다양한 문화를 만날 수 있지.

프랑스는 유럽 서부에 있어. 이탈리아, 스위스, 독일, 룩셈부르크, 벨기에와 맞닿아 있지. 유럽에서 세 번째로 큰 나라야.

센 강을 따라 파리를 둘러볼까?

센 강은 파리를 가로지르는 강이야. 우리나라의 한강보다 좁지만 작고 예쁜 다리가 많고, 유람선도 떠다니지. 센 강을 따라가다 보면 프랑스의 역사를 알 수 있어.

나폴레옹이 세운
_에투알 개선문

에투알 개선문은 나폴레옹이 전쟁에서 승리한 것을 기념하기 위해 세운 거야. 나폴레옹은 황제의 자리에까지 오르며 유럽을 차지한 인물이지. 개선문 아래에는 전쟁에서 죽은 병사들의 무덤이 있어.

프랑스 혁명이 시작된
_바스티유 광장

바스티유 광장은 프랑스 혁명이 시작된 곳이야. 루이 16세 때 왕과 귀족들의 횡포에 화가 난 파리 시민들이 바스티유 감옥으로 몰려가서 죄수들을 풀어 주고 왕의 군대와 전쟁을 벌였지. 광장 한가운데에는 프랑스 혁명을 기념하는 탑이 세워져 있어.

> 운하를 만들어 배를 띄우기도 했대.

왕의 힘을 보여 주는
_베르사유 궁전

베르사유 궁전은 '태양왕'이라 불리는 루이 14세의 명령으로 지은 궁전이야. 루이 14세는 왕의 힘이 강해야 나라의 힘도 강해진다고 믿었어. 그래서 강력한 군대를 갖추고 커다란 궁전도 짓게 했지. 베르사유 궁전은 무척 넓고 화려하단다.

이런 게 궁금해요!

프랑스에는 깜짝 놀랄 만한 건축물과 예술품이 많아. 그중에는 처음 보는 새로운 것들도 있지만, 기존의 것을 잘 변화시킨 것들도 있어. 자유로운 생각과 과감한 시도가 만들어 낸 놀라운 예술을 만나 볼까?

파리의 상징 에펠 탑

에펠 탑은 파리를 대표하는 건축물이야. 하지만 에펠 탑을 처음 세울 때는 반대가 심했대. 철과 콘크리트로 만들어진 높은 탑이 들어서면 파리의 풍경을 해친다고 생각했기 때문이지. 지금은 프랑스 사람 모두 에펠 탑을 자랑스러워해.

기차역이었던 오르세 미술관

오르세 미술관은 원래 기차역이었어. 기차역을 미술관으로 바꾸다니, 프랑스 사람들은 정말 기발하지 않니? 지금도 오르세 미술관 안에는 기차역일 때 달아 두었던 커다란 벽시계가 있어.

소변기를 예술 작품으로 만든 뒤샹

마르셀 뒤샹이라는 프랑스의 예술가는 어느 날 남자용 소변기에 '샘'이라는 이름을 붙여서 전시회에 출품했어. 뒤샹의 〈샘〉은 미술 작품은 아름답고 고상해야 한다고 생각했던 사람들에게 충격을 주었지. 〈샘〉은 매우 유명한 예술 작품이야.

궁전이었던 루브르 박물관

루브르 박물관은 프랑스의 왕들이 살던 궁전이었는데, 루이 14세가 베르사유 궁전을 지으면서 박물관으로 바뀌었어. 세계 3대 박물관 중 하나로 규모가 크고 웅장하지. 루브르 박물관에 있는 작품을 모두 보려면 4개월이 걸릴 정도라고 해.

섬 하나가 성인 몽생미셸

몽생미셸은 프랑스 북서부의 바닷가에 있는 작은 바위섬이야. 수도원과 요새가 세워져 있어서 섬 전체가 성처럼 보이지. 밀물과 썰물의 차이가 심해서 바닷물이 들어오면 섬 전체가 바다에 둘러싸여. 지금은 육지와 연결되는 길이 만들어져서 언제든지 섬에 들어갈 수 있어.

일러두기
1. 맞춤법, 띄어쓰기는 국립국어원에서 펴낸 〈표준국어대사전〉을 기준으로 삼았습니다.
2. 외국 인명, 지명은 국립국어원의 〈외래어 표기 용례집〉을 따랐습니다.

사진제공
토픽이미지, 유로크레온, 연합뉴스, Gettyimages, Imagekorea, 몽골문화촌

재미있는 누리 세계문화

아시아
- 01 중국 | 황제를 만난 타오
- 02 일본 | 요코의 화과자
- 03 베트남 | 할아버지는 어디 계실까?
- 04 태국 | 무아이타이 고수를 찾아라
- 05 필리핀 | 차코의 소원
- 06 인도네시아 | 엄마와 함께 바롱 댄스를
- 07 몽골 | 게르에서 살까?
- 08 네팔 | 정말 예티일까?
- 09 인도 | 하누만, 소원을 들어주세요
- 10 사우디아라비아 | 지금은 라마단
- 11 터키 | 할아버지의 마법 양탄자

유럽
- 12 영국 | 앨리스와 스펜서 백작
- 13 프랑스 | 소원을 들어주는 빵
- 14 네덜란드 | 여왕님의 생일 선물
- 15 독일 | 우리는 동화 마을 방위대
- 16 스위스 | 납치된 가족은 누구?
- 17 이탈리아 | 가방이 바뀌었어
- 18 그리스 | 주문을 외워 봐
- 19 에스파냐 | 엉뚱 할아버지의 집은 어디?
- 20 스웨덴 | 삐삐와 바이킹 소년
- 21 덴마크 | 레고랜드로 간 삼촌
- 22 러시아 | 나타샤의 꿈
- 23 체코 | 슈퍼맨 마리오네트
- 24 루마니아 | 도둑을 잡으러 간 소린

아메리카
- 25 미국 | 플루토 스팟을 찾아가요
- 26 캐나다 | 퍼레이드가 좋아
- 27 멕시코 | 사라진 태양의 왕국
- 28 쿠바 | 말랭이 영감 다리 나았네
- 29 브라질 | 삼촌의 선물
- 30 페루 | 고마워요, 대장 콘도르
- 31 칠레 | 펭귄을 데려다 주자

아프리카
- 32 이집트 | 파라오의 마음이 궁금해
- 33 나이지리아 | 힘차게 달려라, 나이지리아
- 34 케냐 | 마타타의 신나는 사파리 여행
- 35 남아프리카 공화국 | 루시와 마누는 친구

오세아니아
- 36 오스트레일리아 | 오페라 하우스를 그려 봐
- 37 뉴질랜드 | 하우, 너라면 할 수 있어
- 38 투발루 | 간장 아가씨, 바닷물을 조심해요

주제권
- 39 화폐 | 돈조아 임금님의 퀴즈
- 40 다문화 | 달라도 괜찮아
- 41 옷 | 외계인 빠숑 옷 구경 왔네
- 42 신발 | 클로그를 신을까, 바부슈를 신을까?
- 43 음식 | 황금 포크는 내 거야
- 44 스포츠 | 똥아 덕아 운동 좀 하자
- 45 괴물 | 유치원에 괴물이 나타났어요

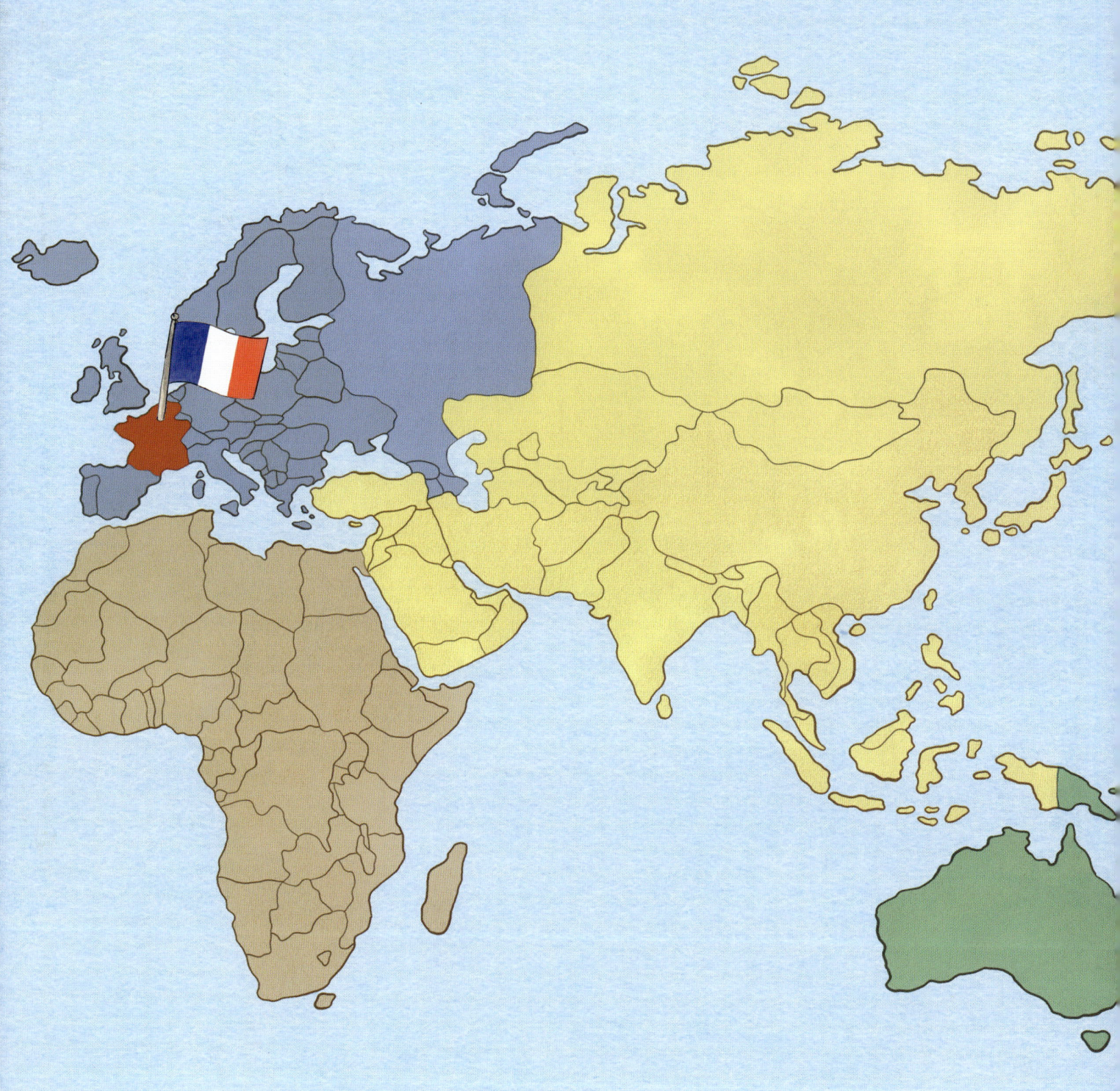